ammann

**AMMANNS
KLEINE BIBLIOTHEK**

Herausgegeben von
Marie-Luise Flammersfeld

AKB 5

Matsuo Bashô
Hundertundelf Haiku

Ausgewählt, übersetzt und
mit einem Begleitwort versehen von
Ralph-Rainer Wuthenow

Mit Zeichnungen von
Leiko Ikemura

Ammann Verlag

Erste Auflage 2009
© 1985, 2009 by Ammann Verlag & Co., Zürich
Alle Rechte vorbehalten
www.ammann.ch
Satz: Gaby Michel, Hamburg
Druck und Bindung: CPI – Clausen & Bosse, Leck
ISBN 978-3-250-10805-4

芭蕉

Matsuo Bashô

Es gibt in der europäischen Lyrik nichts, das uns helfen könnte, das Haiku in seiner Eigenart und Andersart zu begreifen, in seiner durch lange Überlieferung und ständige Übung erlangten Präzision, seiner Suggestivität, aber auch in seiner Konvention, der das Manirierte zuweilen nicht ganz fern liegt. Seine Gespanntheit ist das Ergebnis einer inneren Spannung, die in eine große Ruhe übergeht. Aber mit der Form kann auch gespielt werden, so daß für das Geistreiche, den Scherz noch Platz ist wie für die nüchtern wirkende Anmerkung. Der Unmöglichkeit etwa, die Schönheit der vielgerühmten Inselgruppe von Matsushima mit ihren Felsen, Kiefern, Wasser, Himmel und Licht adäquat zu erfassen, begegnet Matsuo Bashô mit dem bloßen Ausruf und einer wechselnden Interjektion. Bei anderer Gelegenheit wird das Epigrammatische und Sprichworthafte erkennbar oder der im Sinne der Alten wahrhaft cynische Trotz dessen, der, seit langem schon unterwegs, eines Abends mit dem Einsammeln der Läuse in seinem Reisekleid nicht fertig wird.

Das Haiku ist also auf bloße Stimmung, wie man bei uns gerne tut, nicht festzulegen, wie oft auch Stimmungen evoziert werden, so Einsamkeit, Einklang, Mitgefühl mit allem Lebendigen, wobei allerdings das Subjekt nicht in den Stimmungen sich selber genießt – zumal es ja nur sehr selten sichtbar wird. Dagegen ist wie in unserer, gleichfalls wesentlich unpersönlichen, Barocklyrik Platz für das kühne Concetto, wie auch für Assonanzen, Alliterationen und onomatopoetische Elemente. Was fehlt, ist die didaktische Intention. Dafür ist durch die Schriftzeichen die Nähe zu dem gegeben, was wir heute, nicht ganz richtig, als konkrete Poesie bezeichnen. So geht Yosa Buson einmal so weit, anstatt die Zeichen für den Fuji-San zu schreiben, die jedem erkennbare Umrißlinie des heiligen Berges hinzupinseln.

Im Zentrum steht ein reines, scharf umrissenes Naturbild, eher aber saisi au vif als nature morte. Damit hängt die Bedeutung der Jahreszeiten für das Haiku zusammen, die in topischen Elementen erscheinen wie Herbstmond, Winterregen, Sommergras, Frühlingsnacht, aber auch in Naturerscheinungen, welche die Jahreszeit genau erkennbar machen: Kirschblüte, Kukkuck, Zikade, Buntspecht, Chrysantheme, Nebel, entlaubter Ast, Krähe, Reif oder Schnee. Ein Bild wird nicht entwickelt, sondern als Zustand vermittelt.

Anderes tritt, bei Bashô jedenfalls, hinzu, daß nämlich das Naturverhältnis stark durch die Erfahrung von Pilgerschaft, Vereinsamung und Weltlosigkeit bestimmt wird. Das Nicht-Haften ist so buddhistisch wie die uns franziskanisch anmutende Hinwendung zum Bescheidenen und Geringfügigen, da noch im niedrigsten Lebendigen das Buddha-Wesen gegenwärtig ist.

So bemerkt Daisetsu Teitaro Suzuki in dem Buch »Zen und die Kultur Japans«: »Nach Bashô ist das, was hier als Geist des Ewig-Einsamen bezeichnet wurde, der Geist des Fûga (...) Fûga bedeutet im allgemeinen ›Verfeinerung des Lebens‹, freilich nicht im modernen Sinn einer Erhöhung der Lebensbequemlichkeit. Es bedeutet die wunschlose Freude am Leben und der Natur, bedeutet die Sehnsucht nach Sabi oder Wabi, nicht aber das Streben nach materieller Annehmlichkeit oder erregendem Genuß. Ein Leben des Fûga geht von der Gleichsetzung und Einswerdung des eigenen Ich mit dem schöpferischen und künstlerischen Geist des Weltganzen aus. Ein Mensch des Fûga findet daher seine wahren Freunde in Blumen und Vögeln, Felsen und Wassern, Regen und Mond.«

Wer den Geist des Fûga liebt, so sagt Bashô einmal, der »nimmt die Natur in sich auf, wird zum Freund der vier Jahreszeiten. Was er auch sieht, wird ihm zur

Blüte, was er auch sinnt, erscheint im Lichte des Mondes. Wer nicht im Lichte des Mondes denkt, ist nur ein niederes Tier. Darum sage ich: Sei mehr als ein Wilder, sei mehr als ein niederes Tier, nimm die Natur in dich auf, kehre heim zur Natur!«

So kann Bashô selbst auf den inneren Zusammenhang des Haiku mit dem Tuschbild (sumi-e) und dem Teekult (cha-no-yu) verweisen – handelt es sich doch um denselben Geist der heiteren Sparsamkeit und sanften Strenge, der Konzentration und Ruhe, der in ihnen ästhetische Gestalt gewonnen hat.

Deshalb aber kann auch, den Kontrasten zum Trotz, die immer wieder erkennbar werden, von Dialektik nicht die Rede sein. Auch fehlt natürlich der energische Zugriff auf die Dinge, der gewaltsam wirken müßte, im Gegenteil darf man hier von einem bewußten Gewährenlassen sprechen. Das so erlangte Einverständnis ist anteilnehmend und mitleidlos zugleich, es bedeutet Teilhabe an einem Zustand, in dem das Subjekt den Dingen niemals vor- und übergeordnet ist – der Geist des Fûga würde dem widersprechen. Die Dinge, so könnte man meinen, sprechen nun selbst, aber auch das ist nicht richtig: sie sprechen nur, um zu schweigen, und auch der Mensch verstummt.

Somit ergeben sich aber für den gebildeten Okzidentalen zusätzliche Verständnisschwierigkeiten, die, wenn Irrtümer schon nicht auszuschließen sind, eine Übersetzung fast unmöglich werden lassen. Das Denken und die besondere Art der Welterfahrung, die hinter (oder, wenn man will, vor) diesen Versen stehen, sind uns weitgehend verschlossen. Sie haben zuweilen gar etwas Antikes, aus der frühen Zeit der ionischen Naturphilosophie, deren Rätselsprüche nicht minder vieldeutig sind.

Die Barriere bleibt: um Bashô ganz zu begreifen und entsprechend wiederzugeben, müßte man nicht allein Japanisch bis in die feinsten Anspielungen und Nuancen hinein vollkommen verstehen, man müßte auch japanisch sehen, empfinden und denken können, ja eigentlich müßte man auch Buddhist sein. Das alles aber ist nicht möglich. Schon ein einzelnes reales Moment des Alltagslebens läßt sich oft nur schwer vermitteln, das Lebensgefühl aber, mit dem es verbunden ist, überhaupt nicht. Resignation stellt sich ein.

Dennoch bleibt der Reiz der Haikudichtung wirksam. Man lernt, selbst das Banale nicht zu scheuen, man sucht auch die kunstvolle Simplizität sich zu vergegenwärtigen, bis deutlich wird, daß versteckte Anspielungen und Verweise zuweilen auch witziger Art wie manche unter der Oberfläche liegende Bedeutungen kaum zu erkennen und, wo einmal schon erkannt, doch keinesfalls schon wiederzugeben sind, so wenig wie Verdichtung und Intensität des japanischen Originals.

Die typischen Elemente hingegen werden nach und nach verständlicher, für den Japaner freilich sind sie so leicht faßbar, wie das bei uns viel früher in der traditionellen Emblematik der Fall gewesen sein dürfte. Sie gestatten es auch, die oft vorgegebenen Momente stets neu zu kombinieren, so daß es hin und wieder zu Anspielungen und Repliken kommt. Doch was hier aufgenommen wird an Welt, ist auf eine uns nicht stets erkennbare Weise selektiv – wie im Tuschbild erscheint die Welt als ein auf ganz wenige Elemente reduzierter Ausschnitt – ohne Rahmen und scharf konturiert vor dem Hintergrund des Unendlichen.

Schon die ganze Existenz eines Dichters und gleichsam mönchischen Wanderers wie Matsuo Bashô entzieht sich dem europäischen Verständnis: 1644 in Iga geboren, einer Samurai-Familie entstammend, wird er am bescheidenen Hof eines der kleineren Lehensfürsten erzogen, wird dort auch in die Literatur eingeführt, verläßt das Schloß aber nach dem plötzlichen Tode des mit ihm befreundeten jungen Prinzen, begibt sich erst nach Kyoto und sodann, 1672, nach Edo (heute Tokyo), in die Hauptstadt des Shogunats, wo er sich, unter sehr bescheidenen Umständen existierend, ganz der Literatur widmet und offenbar dem standesgemäßen Dasein endgültig und bewußt entsagt: »Um den Herbstmond zu betrachten, habe ich zunächst Bananenstauden angepflanzt, deren Blätter breit genug sind, die Harfe zu bedecken, und deren vom Wind geknicktes Blatt dem gebrochenen Schweif des Phönix ähnlich sieht. Es mag auch an einen vom Wind zerfetzten grünlichen Fächer erinnern, der traurig gegen den Wind in seinem Groll sich verzehrt. (...) Da die Bananenstaude durchaus nutzlos, ist ihr Wesen eben deshalb sehr edel.« Dann heißt es angesichts dieser kleinen, fruchtlosen Bananenstaude, nach der er sich fortan Bashô nennen wird: »Ich sitze im Schatten der Blätter der Bananenstaude und liebe ihre bloße Zerbrechlichkeit in Regen und Wind.«

Die Unfruchtbarkeit der Bananenstaude, ihre völlige Nutzlosigkeit, das Zwecklose also an ihr, ist sein ganzer Stolz und wird ihm zum Zeichen seiner von allen Zwecken und Nützlichkeiten befreiten Poesie, die ihm kein Amt, kein Geld, wohl nur als Dichter Ansehen verschafft und selbst auch keinen außer ihr liegenden, etwa didaktischen Zwecken dient. Dazu gehört dann weiter für ihn auch Heimat- und Besitzlosigkeit, gewollte Armut, heiterer Verzicht. Von 1684 an ist Bashô immer wieder für längere Zeit als Pilger unterwegs. Die Wanderfahrten sind mühselig und reich an

Entbehrungen. Zuweilen stellt Müdigkeit sich ein. Einmal wird ihm zum Jahresbeginn klar, daß ihm vom alten Jahr nicht mehr geblieben ist als ein paar Scheffel Reis. Ein andermal zeichnet er sich selbst in den Versen:

> Das Jahr ist vorbei –
> was blieb mir? Nur der Strohhut
> und die Sandalen.

Er besteht darauf, daß es wichtig sei, den Geist in der Haltung des wahren Verstehens zu bewahren und dennoch zur Welt der täglichen Erfahrungen sich zurückzuwenden, um darin die Wahrheit des Schönen zu erkennen. Die Dinge in ihrer Wahrheit sind das Schöne: »Wenn du etwas über die Kiefer lernen willst, begib dich zur Kiefer, oder zum Bambus, wenn du etwas vom Bambus erfahren willst. Und wenn du so tust, mußt du deine persönlichen Interessen an dir selbst aufgeben, denn sonst drängst du dich dem Gegenstande auf und wirst nichts lernen.«

Erst wenn sie absichtslos geworden ist, interesselos, gelingt die Erkenntnis, erst wo kein Wollen mehr dahintersteht, kann Einverständnis sich entfalten. An anderer Stelle, nur kurze Zeit vor seinem Tode, dringt er auf vollkommene Einsamkeit; er meint, als Besucher oder zusammen mit anderen, die ihn besuchen, die Zeit und die Worte nur noch sinnlos zu verschwenden. Er will, scheinbar hart, die Tür verschlossen halten: »Die Einsamkeit soll mein Gefährte sein und die Armut mein Reichtum.«

Danach hat er gelebt, und so ist er, 1694, unterwegs auf einer seiner langen Fußreisen, nach kurzer Krankheit gestorben:

> Krank auf der Reise –
> auf leeren Feldern der Traum
> irrt ziellos umher.

Nichts als die Stille!
Tief in den Felsen sich gräbt
Schrei der Zikaden.

Im gelben Rapsfeld,
wie um Blüten zu schauen,
zeigt sich der Sperling.

Volles Erblühen –
unter den Pfirsichen vor:
erste Kirschblüten.

Wolke aus Blüten
die Glocke – ob Ueno,
ob Asakusa?

Den Bergpfad entlang,
da zeigen sich bescheiden
die Veilchen im Gras.

Winden betrachtend,
verzehre ich meinen Reis,
so einer bin ich.

Siehst du genau hin,
erblüht das Hirtentäschel
dort an der Hecke.

Der Lotus im Teich!
Ungestört, belassen so –
das Fest der Toten.

Glockenton verklingt –
der Blütenduft steigt herauf,
das ist der Abend.

Die Holländer selbst
kommen die Blüten zu sehn,
gesattelt das Pferd.

Kein Mensch ist zu sehen,
im Frühling, wie hinterm Spiegel,
die Pflaumenblüte.

Im Frühlingsregen
kann sich doch nicht verbergen
die Setabrücke.

Der kleine Weißfisch
öffnet schwarz seine Augen –
Netz des Gesetzes.

Zweifle nicht daran,
auch die Tide hat Blüten –
Frühling in der Bucht.

Es geht der Frühling.
Vögel weinen, im Auge
der Fische – Tränen.

Wer durch den Blitzstrahl
nicht gleich Erleuchtung erfährt,
ist zu bewundern.

Unter einem Dach
schliefen auch noch die Dirnen,
Kleeblüten und Mond.

Die Eiche achtet
aller ihrer Blüten nicht,
das ist ihre Art.

Über den Feldern,
von allen Dingen gelöst,
singt da die Lerche.

Die kleinen Krebse,
seitwärts gesetzte Beine.
Das klare Wasser.

Das tobende Meer!
Hinüber streckt nach Sado
die Milchstraße sich.

Als die Lerche noch
höher, Rast mir verheißend,
zeigt sich der Paß.

Das Haiku in China?
Fragen sollte ich lieber
den Falter im Flug.

Nach dem großen Sturm
auch am nächsten Morgen: rot
die Pfefferschoten.

Der Buntspecht sogar
greift die Behausung nicht an –
die Sommerbäume.

Von der Regenzeit
blieb doch unangetastet
die Halle des Lichts.

Schaut man am Tage,
erscheint auch der Nacken
des Glühwürmchens rot.

Im Blütenschatten
bin wie in einem Nô-Spiel
auf meiner Reise.

Gräser des Sommers!
Von all den stolzen Kriegern –
die Reste des Traums.

Im sechsten Monat
legt auf den Gipfel die Wolke
der Arashiberg.

Der alte Weiher!
Es stürzt ein Frosch sich hinein –
Nachhall des Wassers.

Kraken im Fangtopf –
die verwehenden Träume
im Mond des Sommers.

Am Rande des Wegs
wurde die Malve vom Pferd
einfach gefressen.

Daß sie schon sterben
so bald, das spüren sie nicht –
Schrei der Zikaden.

Das Sommergewand,
doch die Läuse zu sammeln
wirst du nicht fertig.

Hin- und herüber,
das Herz, so wie die Weide,
läßt alles geschehn.

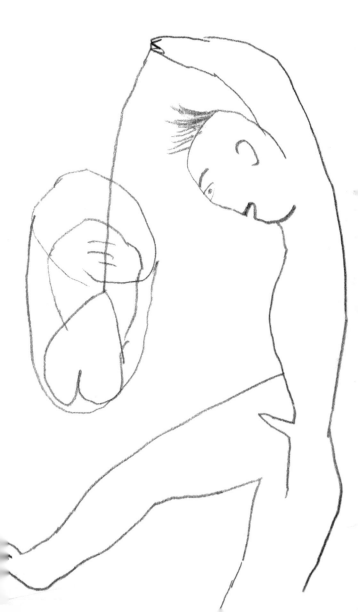

Berge und Garten
sind bewegt, und sie rücken
in das Sommerhaus.

Völlig ermattet –
zum Übernachten vielleicht
die Glyzinien.

Das ist der Kuckuck,
sein Rufen schräg hinschwebend
über dem Wasser.

Zuerst der Eiche
will ich mich überlassen –
die Sommerbäume.

Der Ruf des Kuckucks,
in der Richtung verhallend,
dort! – eine Insel!

Das Pferd geht langsam,
ich sehe mich als ein Bild
in diesem Sommer.

Musashi, die Ebene!
Nichts ist, daran zu rühren
mit deinem Strohhut.

Die Schnecke, sie streckt
schwankend ihre Fühler aus –
Suma, Akashi.

Die Nachtigall singt
im kleinen Bambusdickicht
von der alten Zeit.

Traurigkeit in mir,
einsam ist es geworden –
der Ruf des Kuckucks.

Der Tempel von Mii.
Ah, wenn du ans Tor schlägst –
der heutige Mond.

Nur ganz allmählich
fallen Kerria-Blüten,
rauscht der Wasserfall.

Ah, Matsushima!
Das ist Matsushima, ah!
Ah, Matsushima!

Medizin trinken –
dennoch wird der Reif gewiß
mein Kopfkissen sein.

Tief wurde der Herbst –
gegenüber, der Nachbar,
wie mag es ihm gehn?

Das wird dein Leben:
unterm Strohhut nur wenig
lindernde Kühlung.

Anfang des Herbstes!
Das Meer, so wie die Felder
ein einziges Grün.

Weithin ringsumher,
was dem Auge begegnet,
wie kühl ist alles!

Es dunkelt das Meer,
der Ruf der Wildenten scheint
weißlich zu schimmern.

Chrysantheme, weiß,
die Augen trifft im Anschaun
keine Spur von Dunst.

Voller Mond im Herbst
das Tor wird hell beleuchtet,
weiß schimmert die Flut.

Auf diesem Wege
wandert kein einziger Mensch
am Abend im Herbst.

Der Herbst rückt näher,
das Herz sucht den Raum sich jetzt –
viereinhalb Matten.

Einsamkeit. Niemand
will zu mir kommen, nur ein
Blatt vom Kiribaum.

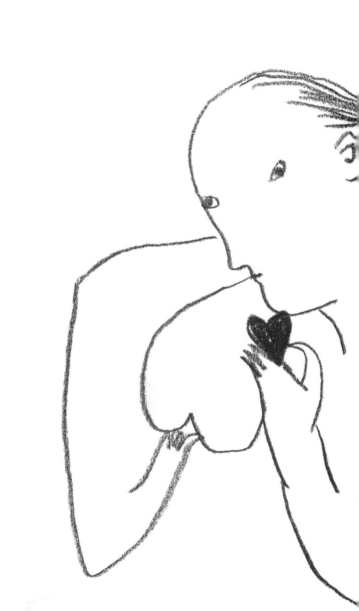

Voller Mond im Herbst!
Um den Teich bin ich geirrt,
eine ganze Nacht.

Morgendämmerung!
Das Weiße des Weißfisches
beträgt einen Zoll.

Auch wenn ich jetzt spreche,
sind meine Lippen ganz kalt —
der Wind des Herbstes.

Die Hütte im Sturm.
In der Schale den Regen
hörst du in der Nacht.

Eben noch heiter,
bald werden sie traurig sein –
Boot und Kormoran.

Liebe der Katzen …
Sind sie fertig, überm Bett –
verschleiert, der Mond.

Im Fallen haben
die Kamelienblüten
das Wasser verspritzt.

Der herbstliche Wind –
das Gräberfeld von Ise,
unheimlich genug.

Zuerst beschriftet,
dann zweigeteilt den Fächer –
und traurig gestimmt.

In diesem Herbst,
wie schwindet das Jahr dahin –
Wolke und Vogel.

Vollmond des Herbstes!
Sitzend und schauend seh ich
kein schönes Gesicht.

Draußen in der Welt
schneidet man jetzt wohl den Reis –
die Hütte aus Stroh.

Nebel und Regen,
unsichtbar ist der Fuji –
auch das macht mir Spaß.

,

Wie Venusmuscheln
auf- und auseinandergehn,
scheiden wir im Herbst.

Chrysanthemenduft.
In Nara nun die alten
Buddhafiguren.

Wie schnell ist der Mond!
Der Durchblick in dem Geäst
hält den Regen an.

Es erhebt sich nun
die Chrysanthemenblüte –
Spuren von Wasser.

In die Hand nehmend –
als Träne schmilzt er dahin,
der Reif des Herbstes.

Der Schrei des Affen.
Das Findelkind im Herbstabend –
was wohl aus ihm wird?

Bewegt sei das Grab!
Meine klagende Stimme –
der herbstliche Wind?

Ins Fleisch mir schneidet
die Schärfe des Rettichs,
der herbstliche Wind.

Färbung des Herbstes,
auch einen Topf mit Zukost
habe ich nicht mehr.

Auf entlaubtem Ast
ließ die Krähe sich nieder –
ein Abend im Herbst.

Tee in der Frühe.
Feierlich wird die Stille –
die Chrysantheme.

Ah, Wind des Herbstes!
Die Gebüsche, die Felder –
Fuwa, die Grenze.

Grad mitten hinein
möcht' ich ein Lackbild malen –
Mond überm Gasthof.

Herübergeweht
die Steine vom Asama,
Herbstfelder im Sturm.

Felder, verlassen –
das Herz, es spürt den kalten,
den schneidenden Wind.

Pataten wäscht dort
die Frau, Saigyo hätte wohl
ein Gedicht gemacht.

Ah, der erste Schnee!
Narzissenblätter sogar,
er hat sie gebeugt.

Ohne Strohhut gar
im winterlichen Regen,
was soll das, was soll's?

Tränke ich Sake,
mehr noch versagt' sich der Schlaf –
Schnee in der Nacht.

Draußen im Garten,
den Schnee hab' ich vergessen
mit meinem Besen.

Ah, der Wintertag!
Auf dem Pferde gefriert noch
die Schattengestalt.

Pilger unterwegs –
niemand ruft meinen Namen
im Winterregen.

Der Winterregen
den Schutz des Umhangs aus Stroh
wünscht auch der Affe.

Die Brasse in Salz,
kalt bis ins Zahnfleisch hinein,
im Fischladen dort.

Weh, wie entsetzlich!
Unter dem Helm des Kriegers
singt eine Grille.

Feuer entfache!
Ich will Schönes dir zeigen –
sieh', einen Schneeball!

Umriß des Berges,
die regenschwere Wolke,
der Schnee des Fuji.

Wie lustig das ist:
zu Schnee will er nicht werden,
der Winterregen.

Das Jahr ist vorbei –
was blieb mir? Nur der Strohhut
und die Sandalen.

Jahresende, Markt:
Räucherstäbchen sollte ich
noch kaufen gehen.

Nach Kyoto gelangt,
sehne ich mich nach Kyoto –
der Ruf des Kuckucks.

Die Asche glüht auf
an der Wand eine Gestalt –
Schatten des Gastes.

Winterpäonie.
Mandarinenenten sind
wie Kuckuck im Schnee.

Im tiefen Schnee
bekommt das Fell des Hasen
vielleicht einen Bart.

Wem nur mag ich denn
ähnlich sehen an diesem
ersten Tag des Jahrs?

Winter, verschlossen.
Wieder werde ich lehnen
an diesem Pfosten.

Zum Jahresbeginn,
vom Vorjahr mir geblieben
sind fünf Scheffel Reis.

Krank auf der Reise.
Auf leeren Feldern der Traum
irrt ziellos umher.

Im Reisegewand,
ein Kranich im Herbstregen –
der alte Bashô.

CHŌQRA (1721–1772)

Zur Übersetzung

Es gilt, bei der Übersetzung des japanischen Haiku die äußere, sehr knappe Form zu erhalten, d. h., wenn irgend möglich, auch das gebräuchliche Schema der Silbenzahl (5 : 7 : 5), das allerdings im Original, bei Bashô wie bei anderen, keineswegs immer pedantisch korrekt verwendet wird. Mehr noch gilt es, soweit dies zu verwirklichen ist, die japanische Wortfolge und Satzgliederung, weitgehend auch die scheinbar ganz lose Reihung, also noch die Zeilenfolge zu bewahren, so daß, ohne größere Umstellung, die Zeilen in der Übertragung denen des Originals weitgehend entsprechen. Daher entsteht dann nicht selten ein uns eigentlich fremder verbloser, ja sogar subjektloser Stil, der durchaus etwas von dem haben kann, den wir bei der Abfassung von Telegrammen verwenden, es fehlen ja auch die schmückenden oder modifizierenden Adjektive und bloß füllende Partikel: die einzelnen Verszeilen stehen dann auch im Deutschen nicht selten gleichsam unverbunden und willkürlich nebeneinander – die Verknüpfung erfolgt dann eben nicht durch die Logik der Grammatik, sondern vor allem durch die Phantasie, die Intuition des Lesers.

Ziel eines solchen Übertragungsversuches ist eben nicht, ein wohlklingendes deutsches Gedicht, gefühlvoll vielleicht oder doch stimmungsvoll, auf jeden Fall auch leicht exotisch, nach einer japanischen Vorlage zu liefern, das ist schon allzu oft geschehen, sondern in der Sprache der Übersetzung, annäherungsweise, doch die Gestalt des japanischen Originals erkennbar oder gar sichtbar zu machen, da nun leider schon der Klang nicht vernehmbar werden kann, so wenig wie die stärker noch dazugehörige (kalli)graphische Erscheinung.

Daß jede Übersetzung auch eine Interpretation ist, mehr und anderes als eine gewaltsame Verpflanzung, bedarf keiner weiteren Erklärung, meine ich: erst aus der Interpretation heraus wird die Übersetzung möglich, in der Übersetzung wird die Interpretation wiederum Form, oder aber, wo sie mißlingt, zur Verzerrung.

Wie breit die Spanne sogar bei einem kleinen Haiku ist, die der übersetzende Leser sich gestatten kann, läßt sich an einem Beispiel unschwer zeigen:

>>Natsukusa ya
Tsuwamonodomo ga
Yume no ato.<<

Das läßt sich knapp wie folgt skizzieren: Sommergräser, Krieger alter Zeit, Traumreste. Hier ein paar Übersetzungen:

> »O Gras des Sommers,
> wie bist du vieler Krieger
> Stätte des Träumens!«   (J. Kurth)

> »Sommerliches Gras –
> Spur von tapferer Recken
> Traume geblieben!«   (H. Hammitzsch)

> »Das Sommergras, ach,
> ist von den Kriegern nur noch
> der Rest der Träume – – –«   (J. Ulenbrook)

> »Sommergras
> ist alles, was geblieben ist
> vom Traum des Kriegers.«   (D. Krusche)

> »Oh Halme, sommerhoch gewachsen
> Dort, wo Krieger winters träumten
> Wünschenden Traum.«   (W. Helwig)

Eine englische Version lautet folgendermaßen:

>A thicket of summer grass
is all that remains
of the dreams and ambitions
of ancient warriors.« (N. Yuasa)

Fast könnte man versucht sein, alle Versionen für
mehr oder minder richtig zu halten – ginge es nur um
»Richtigkeit« bei diesen, von Bashô im Anblick der
Überreste von Hiraizumi verfaßten Versen. Anders als
beim Original hängt hier an der Wiedergabe mehr
oder minder deutlich auch der Stil der Epoche, so vor
allem bei der Fassung von J. Kurth: dem emphatischen
Anruf »wie bist du« folgt sofort der Fehler: Stätte des
Träumens, die also Krieger zum Verweilen einlädt, ist
das Sommergras nun freilich nicht, sondern es ist al-
lein das, was übriggeblieben ist von ihren kühnen
Träumen.

Die Fassung von H. Hammitzsch ist da weit ge-
nauer, wobei er überdies versucht, die Silbenzahl bei-
zubehalten. ›Spur‹ wird als das Zurück- und Übrigge-
bliebene vorübergegangener Gestalt durchaus bewahrt
(wie das japanische ›ato‹ Spur, Rest und Ruine sein
kann), und, wie merkwürdig ›Recken‹ auch klingen
mag, so wurde hier doch versucht, für ein altertümli-
ches japanisches Wort, das im Original die ganze lange
zweite Zeile beansprucht, eine deutsche Entsprechung

zu finden. Dabei nun wird das Perfektpartizip des Verbums bleiben eigentlich überflüssig; es bringt die sinngemäß zu beschwerende Zeile um ihr eigentliches Gewicht.

Die äußere Form bewahrt auch J. Ulenbrook, der überdies nun das Gewicht der Schlußzeile zu retten weiß. Doch durch das ›ist‹ der zweiten Zeile geht er zu einer grammatisch-logischen Verknüpfung über, die im Original absichtsvoll ausgespart blieb. Die formale Unverbundenheit der einzelnen Verszeilen wird, wohl um der Verständlichkeit willen, nicht beibehalten. Dadurch wirkt die Übersetzung nun fester, gleichsam geronnen.

Ähnlich verfährt auch D. Krusche, der überdies darauf verzichtet, die Silbenzahl, also das ›Versmaß‹, beizubehalten und dann die zweite Zeile seiner Version gleich zweimal mit der 3. Person des Verbums ›sein‹ belastet (einmal dabei als Hilfsverbum verwendet), was stilistisch einigermaßen unglücklich wirkt – und leicht zu korrigieren wäre. Die zu starke, gänzlich unjapanische, zumindest nicht haikuhafte, Verbalisierung tilgt Bruch und Spannung und zerstört alles Schwebende.

W. Helwig hat, in Kenntnis anderer, älterer Übersetzungen, neben anderen Gedichten von Bashô auch eine eigene Wiedergabe dieser Verse versucht und trotz der von ihm beschworenen ›Ahnung‹ das Original, das ihm offenbar in seiner authentischen Gestalt nicht zugänglich war, durchaus verfehlt. Wo die erste Zeile doch immerhin als adäquat in ihrem Umschreibungscharakter gelten könnte, stürzen die beiden folgenden Zeilen gewissermaßen ab: der durch das adverbiale ›winters‹ hergestellte Kontrast zu den sommerlichen Gräsern ist von Bashô überhaupt nicht angedeutet worden, vielmehr ist das alles, was übrig blieb von den Träumen der Krieger, die hier als ›wünschend‹ vorgestellt werden. Glanz, Sieg, Ruhm, das mag der Inhalt solcher Träume wohl gewesen sein, die lakonische strenge Schlußzeile Bashôs sagt genau, daß nichts davon geblieben als die Spur – Gräser des Sommers. Aber eben diese sanfte Unerbittlichkeit wird vom Übersetzer verkannt und verzerrt. Die Umbiegung ins Gefühlvolle ist die Gefahr jeder einfühlsam poetisierend-deutsch gefärbten Übersetzung, wovon es freilich viele gibt; sie sind wohlgemeint, aber nicht wohlgeraten. So stellt sich extrem die von Paul Lüth dar, die sogar gereimt ist und keines Kommentars bedarf:

»Welcher Rasen und grüne Bäume.
Wie vielen jungen Kriegern, Frühlingsgras,
Warst du der Sproß ihrer Träume?«

Vom Haiku des Bashô ist hier nicht mehr übriggeblieben als ein Motiv, das sich willkürlicher Umformung anzubieten schien. Hier aber darf, die Poesie des Originals zu retten, um keinen Preis geschönt werden – je fremder, desto ›richtiger‹, freilich muß es die richtige Art von Fremdheit sein und keine bloße ›Stimmung‹.

›Richtig‹, doch keineswegs glücklich ist auch die vom Übersetzer in einem Nachwort gerechtfertigte englische Version in vier Verszeilen: störende Amplifikationen (in Zeile 1 und 3) sind das Ergebnis. Es bleibt aber doch hier die Übersetzung eine wertvolle Hilfe für den Zugang zum originalen Text, der erst jetzt in seiner andeutungsvollen Genauigkeit, seiner schwerelosen Knappheit richtig erkennbar wird. So hat es Bashô auch gemeint. Aus mündlicher Überlieferung stammt die Bemerkung: »Ein ku hat die Kleinigkeit von siebzehn Silben. Man darf auch nicht eine davon mit Nachlässigkeit behandeln.«

S. 9   Daisetsu Suzuki, »Zen und die Kultur Japans«, über-
        setzt von Otto Fischer, Hamburg 1958, (rde 66),
        S. 80 f.

   Fûga: Steigerung des Lebensgefühls als Zustand des
            Glückes im Einklang mit den Kräften der
            Natur.

   Sabi: Altertümliche Unvollkommenheit, natürli-
            che Patina, Strenge ohne Eleganz.

   Wabi: Armut und Anspruchslosigkeit, aus denen
            Reinheit und Unabhängigkeit hervorgehen.

S. 13   *»Um den Herbstmond zu betrachten . . .«* Vgl. Giko Ta-
        kahashi: »Bashô«, in: Mitteilungen der Deutschen
        Gesellschaft für Natur- und Völkerkunde Ostasiens,
        Band XLIV, Teil 3, Tokyo 1964, S. 28, sowie Ralph-
        Rainer Wuthenow: »Ausgewählte Welt«, in: »Aus-
        schnitte. Kritische Studien zur japanischen Litera-
        tur«, S. 20

S. 14   *»Wenn du etwas über die Kiefer lernen willst . . .«,* über-
        setzt nach: »Bashô. The narrow road to the deep
        north and other travel sketches«, translated from the
        Japanese with an introduction by Nobuyuki Yuasa,
        Penguin Classics, Harmondworth, Middlesex, 1966,
        p. 33. Das folgende Zitat ib. p. 45

vielgerühmte, vielbesuchte, landschaftlich herbe Inselgruppe nordöstlich von Sendai.

Bashô verzichtet gewissermaßen auf das klassische Haiku und tut so, als verschlüge es ihm die Stimme, so daß ihm nicht mehr gelingen könnte als die bloße Exklamation.

S. 97 *»Herübergeweht die Steine ...«* Der Asamayama auf Honshu, mehr als 2600 Meter hoch, ist ein noch tätiger Vulkan.

»Pataten wäscht dort ...« Saigyo: Dichter der Kamakura-Zeit, lebte von 1118 bis 1190. Bashô hat sich wiederholt auf ihn berufen.

S. 113 *»Nach Kyoto ...«* Kyoto war über Jahrhunderte hinweg die kaiserliche Hauptstadt, Zentrum der höfischen Kultur (Heian-Zeit). Nichts von dem, was zu bewundern wäre, wird von Bashô erwähnt, nur der Kuckuck, der, wie es sich für das Haiku ziemt, auf die Jahreszeit verweist. Dann überbietet Bashô alle rühmenden Verse, indem er sein Verlangen nach dieser Stadt sozusagen potenziert.

S. 119 *»Wem nur mag ich ...«* Sein Freund und Schüler Ransetsu hatte Bashô zum Neujahrsfest ein neues Gewand geschenkt.

S. 131 *»Ein ku ...«* ku als Stollen für Haiku. Es handelt sich um eine Anweisung für seine Schüler, zitiert nach Horst Hammitzsch: »Matsuo Bashô an seine Schüler«, in: Mitteilungen der Deutschen Gesellschaft für Natur- und Völkerkunde Ostasiens, Band XLIV, Teil 3, Tokyo 1964, S. 40.

Weitere Titel aus Ammanns
Kleiner Bibliothek

Thomas Hürlimann

Dämmerschoppen

Geschichten

224 Seiten

ISBN 978-3-250-10801-6

AMMANNS KLEINE BIBLIOTHEK I

Die in diesem Band versammelten Geschichten und Novellen zeigen den Erzähler Thomas Hürlimann auf der Höhe seines Könnens. In der Titel-Erzählung sitzt der alte Gottfried Keller auf einer Hotelterrasse über dem Vierwaldstättersee bei einem Dämmerschoppen. Als auf einmal die Höhenfeuer zu lodern beginnen, will er von einem hochnäsigen Oberkellner wissen, was das Land zu feiern habe. Den siebzigsten Geburtstag eines abgetakelten Dichters, antwortet der Ober. Hürlimanns Meisterstücke verschweigen die Katastrophen und Tücken der Welt keineswegs, doch tauchen sie die Menschen und die Natur in ein mildes, versöhnliches Abendlicht.

»Je mieser mein Leben war, desto schöner wurden meine Wörter.«   *Gottfried Keller im »Dämmerschoppen«*

Ammann Verlag

Hansjörg Schneider
Leköb und Distra
Eine Lebens- und eine Liebesgeschichte
80 Seiten
ISBN 978-3-250-10802-3
AMMANNS KLEINE BIBLIOTHEK 2

Man nennt ihn Leköb. 29 Jahre ist er auf der Welt. Seine Freunde halten ihn für ein lustiges, eigenartiges, gescheites Haus, dem das Leben nichts anhaben kann. Das glaubt er lang selber. Aber dann sieht er seine Hände, die Hände des Vaters. Die harten Füße. Wohin soll ich gehen? Soll ich Kinder machen? Wo wohne ich?

Ein komisches, unsicher gezähmtes Tier ist dieser Leköb. Ein Süffel und ein Mädchenheld, den es in die Flohbuden von Paris zieht, genau wie in die Berge, Flüsse und Wälder.

So einer lernt auf einem Tanzboden Distra kennen. Und lieben.

»Die Welt ist ein riesiges Ohr und will wissen, wie es damals war, als Distra die Treppe heraufstieg.«

Ammann Verlag

Ralph Dutli
Liebe Olive
Eine kleine Kulturgeschichte
160 Seiten
ISBN 978-3-250-10803-0
AMMANNS KLEINE BIBLIOTHEK 3

Ob wir im Olivenbaum den ersten Demokraten des Abendlandes oder van Goghs letzten Therapeuten vermuten dürfen, in der Hand des sterbenden Somerset Maugham einen Fetisch für die Sehnsucht nach dem Süden entdecken oder mit dem Philosophen Mark Aurel in der fallenden Olive ein Symbol für das Menschenleben erkennen – eine Vielzahl amüsanter, Staunen erregender oder nachdenklich stimmender Geschichten ist aufgehoben in Ralph Dutlis hinreißendem Bändchen über eine kleine Frucht mit dem botanischen Namen »Olea europaea sativa«.

»Ist das Leben wie eine Olive eine bittere Frucht, so greife nur beide scharf mit der Presse an, sie liefern das süßeste Öl.«   *Jean Paul, Titan*

Ammann Verlag

Friedrich Kröhnke
Ein Geheimnisbuch

160 Seiten
ISBN 978-3-250-10804-7
AMMANNS KLEINE BIBLIOTHEK 4

Abel liebt Bücher. Bereits als Jugendlicher ist er mit seinem Zwillingsbruder Alexander Mitglied in Buchclubs, und als die Taschenbuchreihen ihre Blütezeit erleben, taucht er ein in ihre bunte Vielfalt. In diesem schier endlos erscheinenden Kosmos läßt es sich komfortabel einrichten, gerade auch, wenn man nicht unbedingt erwachsen werden will. Am meisten haben es Abel die Bücher der Geheimnisreihe angetan.

»Ein Geheimnisbuch« ist Lesen als Daseinshilfe, ein furioses Anlesen gegen die melancholische Leere der Existenz.

»Gut ist, daß man nichts braucht als Bücher und nachts, weil die Nacht so schön ist, Tramadol. Daß man so selig werden kann!«

Ammann Verlag

Fernando Pessoa

O Lissabon, du meine Heimstatt

Der Dichter als Flaneur
Eine Sammlung von Pessoas schönsten Texten
im Angesicht seiner Stadt
Aus dem Portugiesischen von Inés Koebel
Mit Zeichnungen von Júlio Pomar
128 Seiten
ISBN 978-3-250-10806-1
AMMANNS KLEINE BIBLIOTHEK 6

Dieses Büchlein ist ein Reiseführer der besonderen Art – eine Anleitung zum Flanieren und Sinnieren. Bei aller Pessoa eigenen Melancholie erscheint sein geliebtes Lissabon bei ihm in immer neuen Farben und Bildern, eine Folie gleichsam für seine berühmten und unvergleichlich scharfsinnigen Reflexionen. Kleinigkeiten spiegeln seine innere Befindlichkeit und geben Anlaß für Geschichten, die dem Leser die Stadt von innen erschließen.

»Und kein Blumenstrauß hat für mich je die farbige Vielfalt Lissabons im Sonnenlicht.«

Ammann Verlag